Découvrez l'histoire par les archives de presse

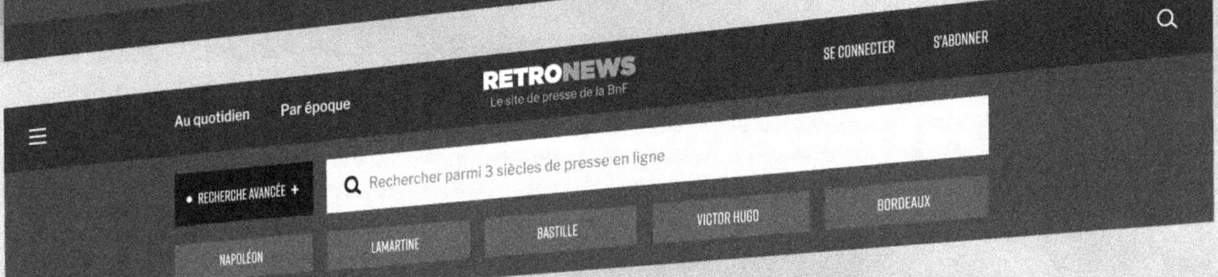

RETRONEWS

Le site de presse de la BnF

www.retronews.fr

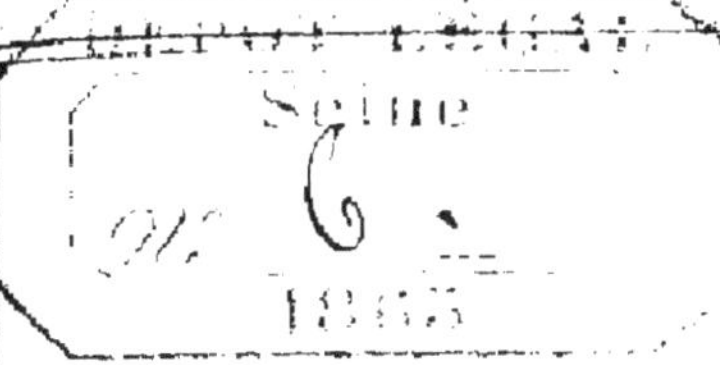

GAZETTE DE LA POUPÉE

Petit Journal Illustré

Recueil de Travaux
de petites Demoiselles.

Patrons, Tapisseries, Broderies, Littérature enfantine,
morale et instructive.

Cours d'Écriture, Dessin, Musique
Jeux en Cartonnage.

On s'abonne chez tous tous les Libraires et dans les
principales maisons de jouets d'Enfants.

S'adresser pour les renseignements
80, rue Taitbout, 80.

PARIS.

On trouve des numéros dans toutes les gares de Chemin de fer

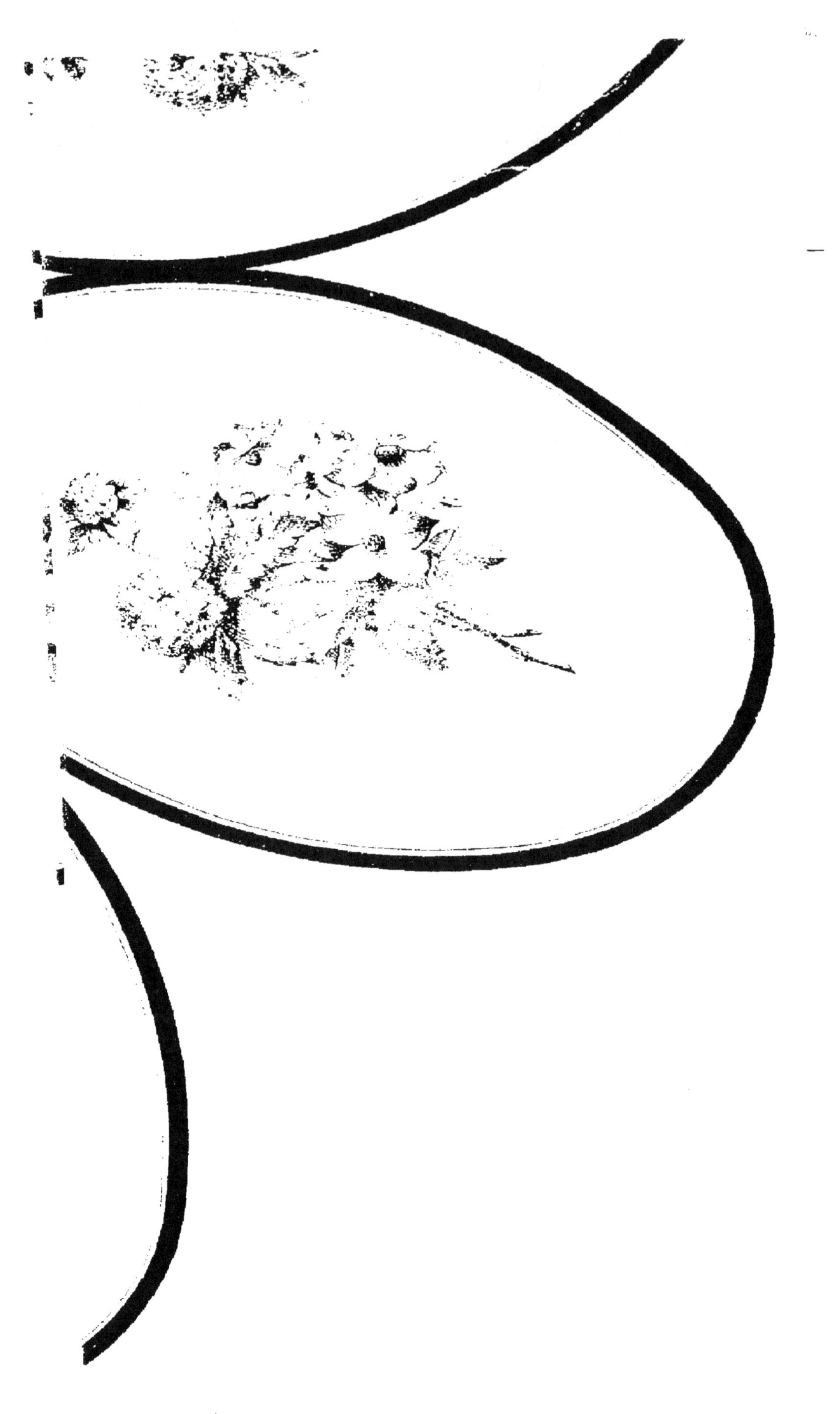

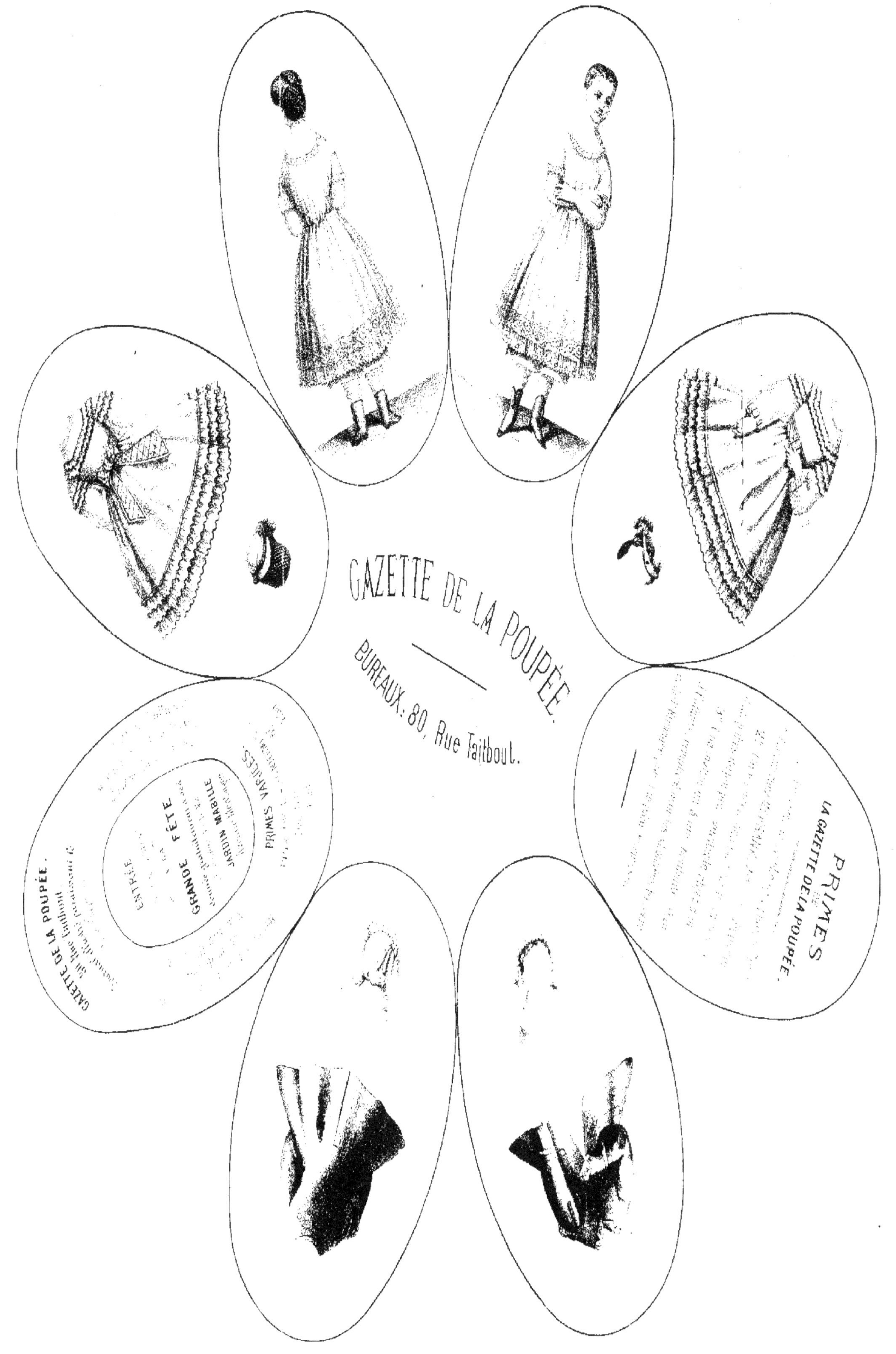

GAZETTE DE LA POUPÉE.
BUREAUX: 80, Rue Taitbout.
PRIMES
LA GAZETTE DE LA POUPÉE.
GAZETTE DE LA POUPÉE.
GRANDE FÊTE
JARDIN MABILLE
ENTRÉE
PRIMES
VARIÉES

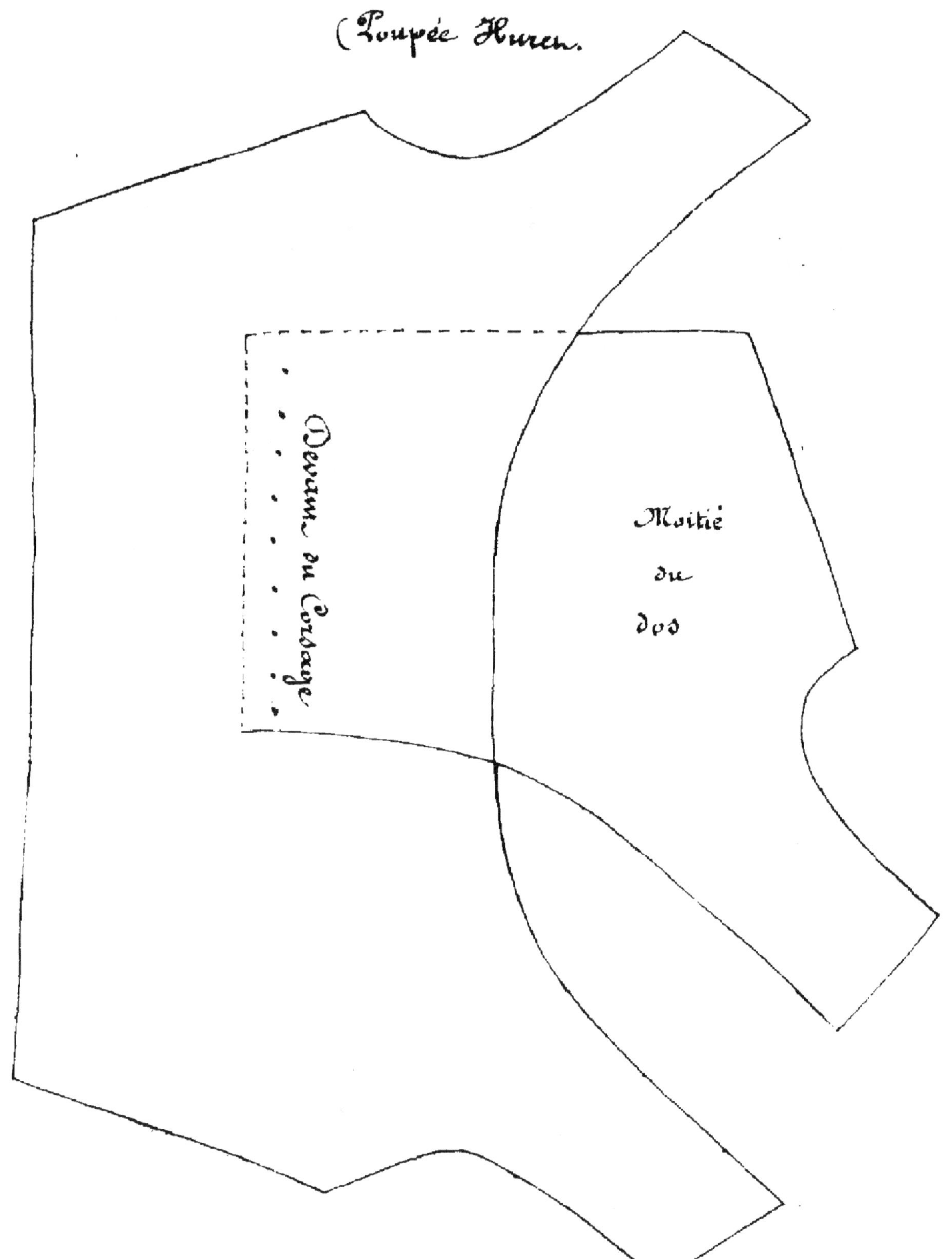

Patron de Corsage
de la poupée N° 4
(Poupée Huren.
Devant du Corsage
Moitié
du
dos

Tapisserie

N° 1 Alphabet ... [illegible] Dessin pour pantoufles coussins etc

Laine blanche
" bleue
" noire
Soie noire
Laine rose [illegible]
" [illegible]
" [illegible]
[illegible]

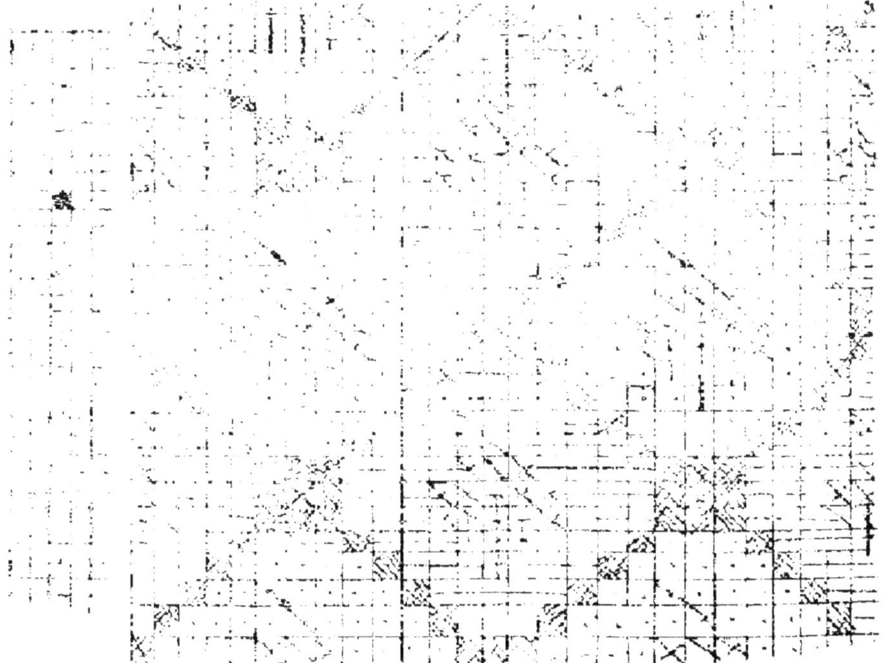

N° 1

A   B

Chemise droite

N° 2

A

B

C

Moitié de la manche

Chemise à piéce

D

Dessus du bras

Dessous

Entre-Deux
pour Garnitures

Fantaisie

Modèle et Description

d'une Aumonière de Poupée

N° 1   Aumonière d'une poupée.

A mesure que les patrons seront coupés, le travail s'expliquera de lui-même.

N° 2   Dessus de l'Aumonière. — Prenez du carton et découpez cette forme que vous recouvrez de velours ou d'étoffe bien tendue, après y avoir posé de grosses perles en or ou acier.

N° 3   Intérieur de l'Aumonière. — Découpez en papier très-fort une forme semblable, puis recouvrez-la de taffetas, collez et coupez juste au bord. — Faites 5 plиures indiquées, elles formeront 3 poches dont les 1ᵉ, 3ᵉ et 5ᵉ feront les fonds.

N° 4   Côtés ou goussets de l'Aumonière (Faites-en deux). — Découpez encore en papier fort, recouvrez des deux côtés en soie. Faites 7 plиures indiquées. — Donnez un coup de ciseaux sur les 3 croix et repliez les 4 languettes, elles vous serviront à réunir vos goussets à l'intérieur de l'Aumonière en collant comme l'indique A B

Faites deux points de soie pour les réunir avec le haut des poches.

N° 5   Ceinture de l'Aumonière. — Ruban même étoffe que le dessus posez les perles et doublez. Vous les passerez dans les bretelles

N° 6   Bretelles de l'Aumonière. — (Faites en deux). — Petit ruban formé par un anneau auquel s'attache un autre ruban plus petit encore que vous passerez dans les fentes E F, dessus de l'Aumonière et dont vous collerez en dedans les deux bouts indiqués par G

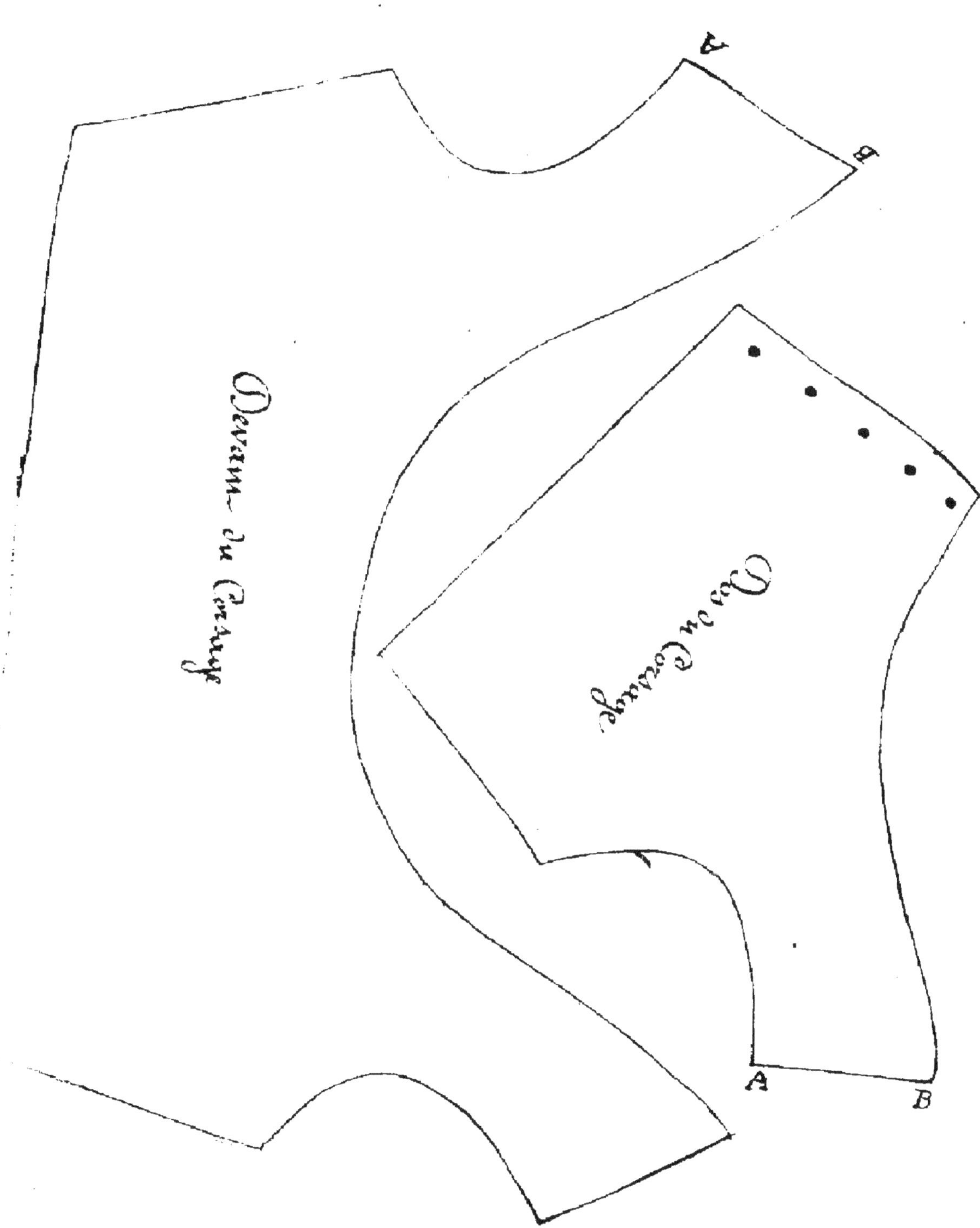

Patron de Robe
pour la poupée N° 2.
Devant du Corsage
Dos du Corsage
A
B
A
B
La manche se fait avec un petit volant
Réunissez aux lettres A A - B B

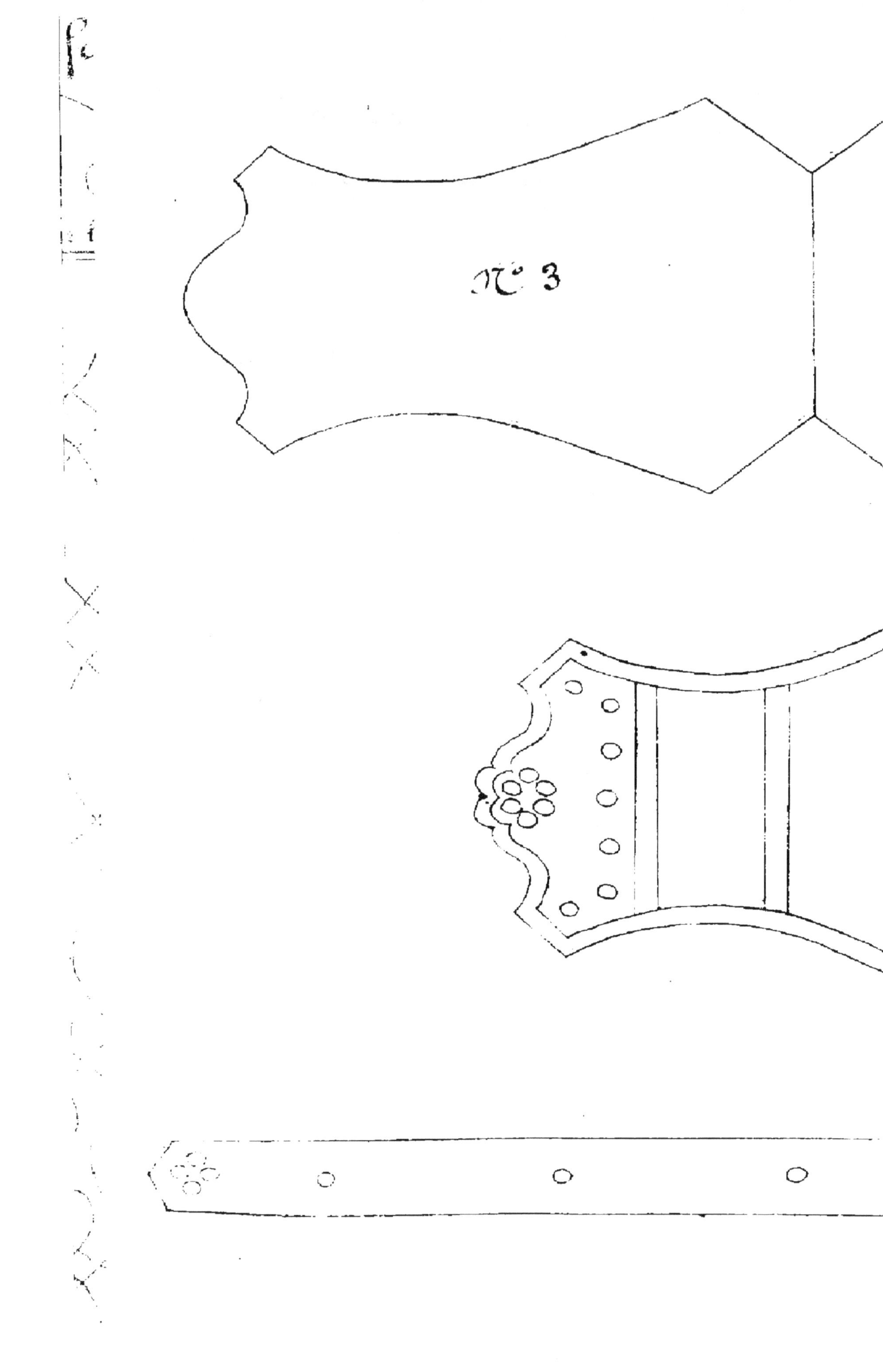

N° 3

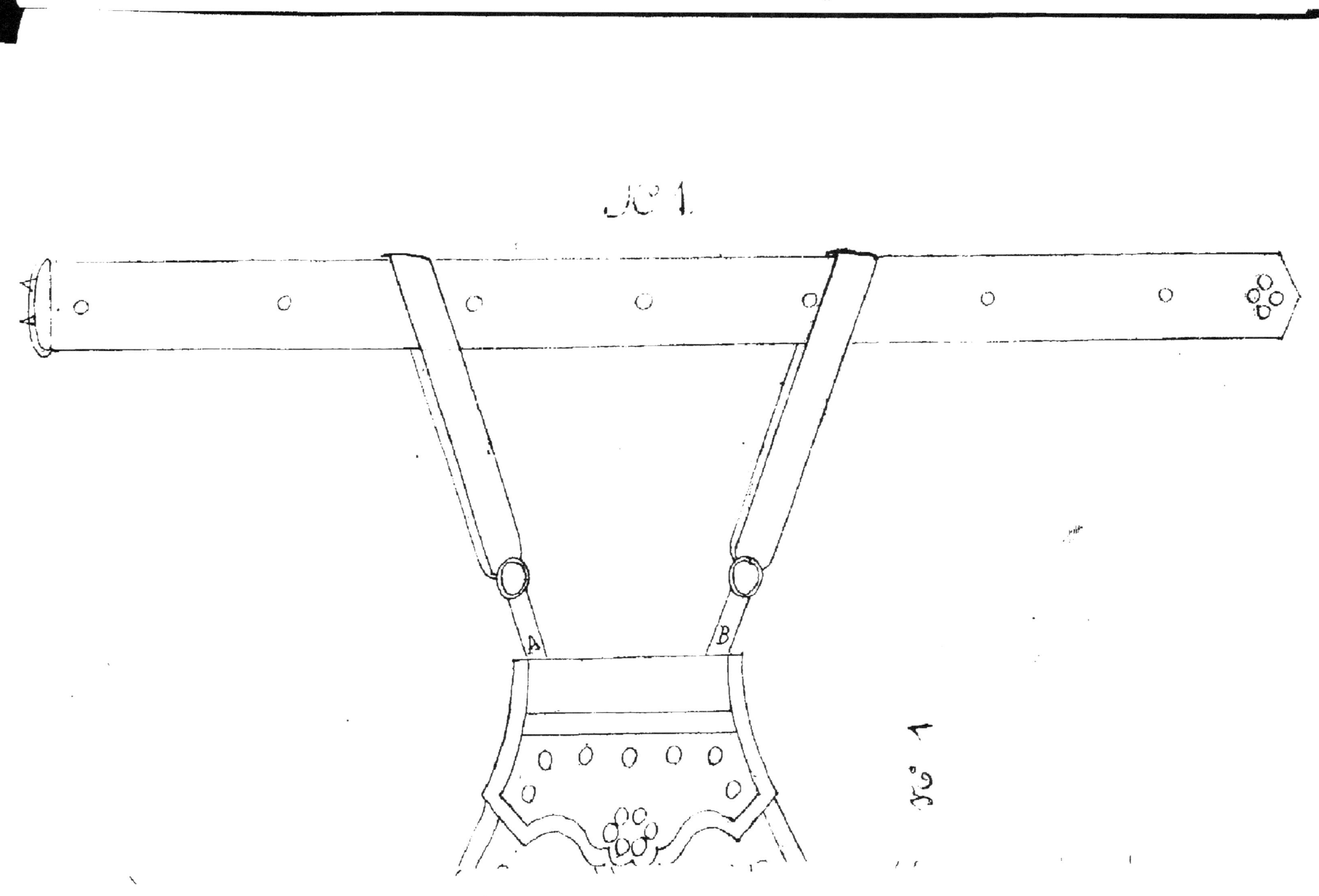
N° 1
A
B
fig. 1

Nº 1 Robe d'Enfant — Nº 2 Cotte...

Dessin pour le bas des manches

Nº 4 Dessin de ceinture

Couture et Broderie

Patrons de Chemise
de Poupée Hurei

N° 1   Chemise droite — Broderie point russe et feston.

A - Devant de manche
B - Dos

N° 2   Chemise à pièce feston à pois.

Taillez sous le dos une pièce droite sans pointe comme l'indique le pointillé, le devant à pointe comme l'indique la lettre B

C   Dessus de la manche qui croise sur l'épaule.

D   Dessous.

Petit journal illustré

Bureaux à Paris
80, rue Cadhour, 80.

GAZETTE

DE

LA POUPÉE

JOURNAL ILLUSTRÉ

PARAISSANT LE 15 DE CHAQUE MOIS

Bureaux : rue Taitbout, 80, Paris

LITTÉRATURE ENFANTINE

Morale, Instructive et Amusante

FABLES & POÉSIE

**Recueil de tous les Travaux de Petites Demoiselles
Broderies, Tapisseries, Crochet, Filet, etc.
Gravures de Modes, patrons découpés, Cours d'Écriture
Dessin et Musique**

PRIMES GRATUITES

1º Un joli portrait photographique à faire exécuter chez M. FRANCK, rue Vivienne, 18;

2º Un numéro donnant droit au tirage au sort d'un magnifique jouet de jeune fille, véritable objet d'art;

3º Une invitation chaque année à une brillante fête d'enfants offerte aux abonnées de Paris, et remplacée pour les abonnées de province et de l'étranger par une petite surprise à laquelle seules elles ont droit pour les dédommager de leur absence.

PRIX D'ABONNEMENT

6 francs pour Paris, 7 francs 50 centimes pour les Départements

Jeudi 25 Mai 1865

GRANDE FÊTE D'ENFANTS

AU

JARDIN MABILLE

CHATEAU DES FLEURS RÉUNIS

Champs-Élysées. — 87, Avenue Montaigne, 87.

Prix d'Entrée : **2 fr.**

Billets de Famille, 4 Personnes, 5 francs

S'ADRESSER AU BUREAU DU JOURNAL, RUE TAITBOUT, 80

Cette Fête est offerte gratuitement aux Petites Abonnées de **LA GAZETTE DE LA POUPÉE.**

Les jeunes Filles sont invitées à apporter leur Poupée, pour lesquelles un grand Salon de réception aura été préparé.

À OUZE HEURES PRÉCISES

La Fête commencera par

L'INSTALLATION DES PETITES MARCHANDES

A de charmants Comptoirs de Fleurs, de Gâteaux, de Rafraîchissements, etc.

DES JEUX FORAINS

SERONT TENUS ÉGALEMENT PAR DES PETITES INVITÉES

Représentation Extraordinaire au Théâtre GUIGNOL

EXPOSITION DE POUPÉES DES PREMIÈRES MAISONS

DÉCORATION DE L'ORDRE DE LA POUPÉE

Une petite Médaille d'or sera décernée à la Poupée déclarée la plus gracieuse, la plus naturelle, par un Jury composé de dix Jeunes Filles, de 12 à 15 ans, choisies par le sort. Cette Reine de la Fête aura les honneurs du Palais des Fleurs que LA GAZETTE exposera et dont le tirage n'aura lieu qu'à la Fête d'Hiver.

GRAND BAL

JUSQU'A 5 HEURES.

INTERMÈDE DE PHYSIQUE AMUSANTE ET TOMBOLA

DANS LAQUELLE SERONT TIRÉES

Trois belles Chambres de Poupée dont le modèle appartient exclusivement à la GAZETTE

LA FÊTE SE TERMINERA A 5 HEURES

PAR

UNE GRANDE ASCENSION DE BALLONS

DÉBUT D'UN NOUVEL ET CHARMANT AÉRONAUTE

PARIS. — TYP. MORRIS ET Cᵉ, 64, RUE AMELOT

GAZETTE DE LA POUPÉE.

Gazette de la Poupée

DEUXIÈME ANNÉE. — 15 JUIN.

LE PATISSIER DE ROBERT HOUDIN

Mes brioches surtout prouvent mon savoir-faire
Par leur goût savoureux, leur fumet engageant,
Goûtez-y donc : en les mangeant
Vous serez sûrs de n'en pas faire.

I

Il n'en est pas une parmi vous, Mesdemoiselles, qui ne connaisse le charmant théâtre de Robert Houdin, cette jolie bonbonnière où l'on voit des choses si merveilleuses, si merveilleuses, qu'on a peine à croire que le prestidigitateur ne soit pas un peu sorcier.

Mais ce que vous ne savez pas, peut-être, c'est que tous ces prodiges sont dus à la persévérance, au travail assidu de M. Robert Houdin. qui, le premier, a su donner de l'intérêt et de la science à ce qui n'était avant lui que jonglerie.

A voir l'aisance et la tranquillité avec lesquelles Robert Houdin et ses savants successeurs accomplissent ces miracles, il semblerait que rien n'est plus facile ; et vous n'avez pas songé à ce qu'il a fallu d'intelligence, de veilles et de fatigues, pour en arriver à vous amuser un instant.

Maintenant, M. Robert Houdin se repose de ses longs travaux ; il a laissé à d'autres le soin de vous distraire.

Après Hamilton, qui a si bien remplacé son beau-frère, est venu M. Cleverman ; ce dernier porte parfaitement son nom qui veut dire en anglais *homme habile*, car il fait passer d'aussi agréables soirées aux papas et aux mamans qu'aux enfants eux-mêmes.

— Maman, disait un jour, en passant sur le boulevard des Italiens, une petite fille blonde et rose qui revenait des Tuileries avec sa mère. Maman, voilà le théâtre Robert Houdin ; quand donc m'y mèneras-tu ? L'année dernière, tu me l'avais promis.

— C'est vrai, mon enfant ; je n'ai pu encore t'y conduire, mais si tu veux être bien sage jusqu'à la semaine prochaine, tu y viendras le samedi.

— Oh ! merci, petite mère, merci ! dit l'enfant toute joyeuse, je vais bien travailler, tu verras.

— Travailler ne suffit pas, chère petite, il faut encore réprimer ses défauts ; et tu oublies souvent combien il est vilain d'être gourmande ; ce matin, par exemple, j'ai remarqué la trace de petits doigts dans le pot de crème que Catherine avait laissé dans la salle à manger et.....

Lucy baissa la tête, sa conscience lui disait combien sa mère avait raison, mais elle se promit de veiller sur elle-même avec grand soin pour mériter le plaisir promis.

Malheureusement, son vilain défaut venait de trouver un aliment dans la perspective qui l'enchantait, car, en s'arrêtant devant l'affiche qu'elle avait lu couramment, un mot l'avait frappée ; elle avait vu annoncer : le *Pâtissier des Italiens.*

Que de promesses dans ces trois mots !

Ce fut aussitôt dans son esprit une procession de biscuits, de nougats, de meringues, de toutes bonnes choses enfin dont la pensée lui fit venir l'eau à la bouche.

Elle prit donc ses leçons aussi bien que possible, sans trop remuer, sans trop regarder ce que faisaient les mouches.

Quelquefois l'idée du pâtissier lui traversait bien un peu l'esprit. Oh! comme ce doit être bon, se disait-elle, en riant intérieurement; mais, en s'efforçant de paraître sérieuse et attentive à son travail.

— Mère, dit-elle la veille du grand jour; as-tu déjà vu le *Pâtissier des Italiens ?*

— Non, mon enfant, il y a bien longtemps que je ne suis allée chez Robert Houdin.

— Qu'est-ce que ce peut être? ajouta la petite fille de l'air le plus indifférent qu'elle put prendre.

— Probablement un petit automate qui obéit au commandement de son maître, et apporte des gâteaux à ceux qui en demandent.

— C'est ce que je pensais, dit Lucy, mais crois-tu que ce soient de vrais gâteaux?

— Je l'ignore, mon enfant, dit la mère souriant tristement en comprenant ce qui se passait dans la petite tête de sa fille.

Lucy devint rêveuse, une idée qu'elle n'avait pas encore eue lui traversait l'esprit; si ces gâteaux allaient être en carton? Pour une gourmande, cette pensée était vraiment inquiétante.

Enfin, le lendemain elle s'éveilla de bonne heure, elle était si contente d'avoir rempli toutes les conditions qui lui assuraient une soirée de plaisir!...

Pendant la leçon du matin, elle fut bien encore un peu préoccupée de l'idée des gâteaux de carton, mais comment croire à une déception pareille? tenir dans ses mains un biscuit dans lequel on ne pourrait mordre!.....

Enfin huit heures arrivèrent, on partit, et, pour que la fête fût complète, on emmena une petite amie qui était voisine.

Bientôt le rideau se leva. M. Cleverman commença ses expériences si amusantes.

Ce furent d'abord les cartes qui sortent d'une carafe,—la dame de trèfle apparaît la tête en bas et se retourne toute seule; puis les bijoux qu'il nomme les uns après les autres quoiqu'ils soient enfermés dans une boîte tenue par une dame complaisante; ce fut la naissance des fleurs, le petit Antoine qui fait si bien aller son trapèze; et encore les tourterelles voyageuses. Tout cela aurait bien amusé Lucy; mais, n'apercevant rien qui ressemblât à son pâtissier, elle craignait que ce dernier ne parût pas ce soir-là; quel contre-temps!

Ce qui lui fit prendre un peu patience, ce fut le tour du foulard qui contient une si grande quantité de dragées distribuées généreusement à tout le monde par M. Cleverman.

Lucy tendit ses deux mains, et, trouvant aussitôt les bonbons excellents, elle comprit qu'il devait en être de même des friandises du pâtissier.

D'autres tours de plus en plus merveilleux suivirent, mais la petite fille était sur les épines; car rien ne paraissait qui ressemblât au pâtissier tant attendu, et la toile baissa.

— Oh! mère! est-ce que c'est fini? dit-elle.

— Non, mon enfant, ce n'est que la première partie, la seconde va commencer tout à l'heure.

— Ah! tant mieux! fit l'enfant, avec un soupir de satisfaction.

II

Lorsque le rideau se leva pour la seconde fois, Lucy vit avec plaisir, sur la scène, une jolie petite maison avec portes et fenêtres garnies d'élégants rideaux de soie cerise; elle pensa que ce pourrait bien être la demeure du séduisant Patronet. En effet, à l'appel de M. Cleverman, celui-ci parut, coiffé du bonnet de coton traditionnel, paré du tablier blanc relevé au coin, et tout disposé à servir ce qu'on pourrait désirer.

Il apporta d'abord la carte du jour, afin que chacun pût savoir ce qu'il devait demander.

— Allons, mesdames, mesdemoiselles, choisissez ce que vous aimez le mieux. — Vous, madame, vous voulez un nougat, vous une glace à la vanille, et vous, mademoiselle? dit-il en s'adressant à Lucy qui lisait avec beaucoup de soin sa petite carte; mais le choix de notre gourmande n'était pas fait, et pendant que chacun demandait quelque chose, Lucy cherchait ce qui serait le meilleur; d'abord elle avait penché pour un nougat, puis la brioche lui avait paru préférable, mais aussitôt l'idée d'un biscuit au rhum lui traversa l'esprit. Quel embarras! pensait-elle, et comme une glace à la vanille serait agréable à prendre par cette chaleur.

Enfin, comme il fallait bien se décider, elle en revint à son premier choix; mais, au moment même où elle ouvrait la bouche pour demander un nougat, le petit pâtissier lui tourna les talons et ferma aussitôt sa boutique.

Pauvre Lucy! Vous pouvez toutes juger de son dépit: elle devint rouge de confusion et de grosses larmes remplirent ses yeux.

Cette humiliante déception, une seule personne la comprit; comme toutes les mères, celle de Lucy lisait dans le cœur de son enfant, et en suivait les moindres impressions avec le plus tendre intérêt.

Aucune parole ne fut échangée entre elles; seulement, en sortant du spectacle, cette dernière fit remarquer à la petite fille que si sa gourmandise ne l'avait pas rendue si difficile, elle aurait eu sa part comme les autres.

La petite amie de Lucy, qui était douce et bonne, partagea le biscuit qu'elle avait gardé en voyant que Lucy n'avait rien eu.

Je dois ajouter que la leçon fut bonne, car notre amie est tout à fait changée ; elle eut honte d'elle-même et fut tellement humiliée de se sentir si ridicule, que depuis ce moment ; elle ne donne plus qu'une importance très-secondaire aux mérites des gâteaux et des bonbons.

Sans doute elle n'a pas cessé pour cela de les aimer, et c'est avec plaisir qu'elle accepte ceux qu'on lui offre, mais elle rougirait d'elle-même si elle sentait sa pensée attachée au moindre de ses désirs d'autrefois.

Quant à vous, mesdemoiselles, j'espère que vous irez bientôt chez Robert Houdin, car c'est une récompense qu'on accorde facilement aux enfants sages. En admirant le charmant petit pâtissier, certainement vous ne ferez pas comme Lucy, et vous aurez raison, car je vous assure que ses gâteaux sont excellents et qu'il serait dommage de n'y pas goûter. Mais je dois vous dire une chose : ce petit monsieur, sous son air aimable, cache une grande malice, car c'est pour lui un bonheur de faire la sourde oreille aux demandes que lui adressent les enfants gourmands.

Prévenez-en donc charitablement vos amies ; car pour vous, mes chères lectrices, je suis parfaitement assurée qu'il ne peut vous arriver comme à Lucy une pareille aventure.

FÉLICIE JADIN.

POÉSIE

—∞—

LA MORT DU PETIT OISEAU

A MON FILS EDMOND.

(Suite et fin.)

Tout riant, tout heureux, cet enfant malappris
    T'est venu donner avec joie
Un de ces orphelins, dans leur couche surpris,
    Et dont il avait fait sa proie.
Tu le trouvas gentil, mignon, ce frêle oiseau ;
    Tu voulais, dans ton ignorance,
Lui préparer un nid de jonc et de roseau ;
    Tu te livrais à l'espérance
De le soigner longtemps et de l'entendre un jour
    Chanter ses douces chansonnettes ;
Avec lui tu voulais déjà, mon cher amour,
    De ton pain partager les miettes.
C'était bien, c'était bon. — Mais tu ne savais pas,
    Quand ils sont tout petits encore,
Ce que ces oiselets, aux membres délicats,
    Qui viennent à peine d'éclore,
Souffrent s'ils ne sont plus nourris et caressés
    Par leur mère, et que, sous son aile,
Ils ne peuvent dormir mollement balancés
    Aux verts rameaux de la tonnelle.
Tu le sais, maintenant que, revenu courant,
    De l'école et que, sans en rien dire,
Tu fus droit au panier où, spectacle navrant
    Et qui vint glacer ton sourire,

Tu vis le pauvre oiseau roide et les yeux fermés,
    Mort sans entendre la voix douce,
Qui lui chantait hier mille refrains aimés
    Dans son nid de plume et de mousse.
Tu le sais maintenant, car je t'ai vu pleurer,
    Oh! oui, pleurer de grosses larmes;
Tu comprends maintenant ce que c'est qu'arracher,
    Sans nul remords de ses alarmes,
Un oiseau de son nid. — C'est comme toi, vois-tu,
    Si l'on venait un jour te prendre
Pour t'emporter bien loin, bien loin, et que, perdu
    Tu ne pourrais me faire entendre
Tes cris épouvantés qui s'éteindraient en pleurs.
Peut-être tu mourrais de peur sous la tempête,
    Faute de baisers et de fleurs;
Tes yeux se fermeraient, tu pencherais la tête
    Et, comme ton chardonneret,
Sur le sable glacé de quelque aride grève,
    Un passant te retrouverait
Dormant ce dur sommeil que n'éclaire aucun rève!
    — Moi..... le désespoir me tuerait!
Voyons! ne pleure plus..... — Je suis là, je te garde;
    Dans mes bras tu peux défier
Tous les voleurs d'enfants, tous les méchants; regarde!
    S'ils osaient les délier!...
Mais il ne faut jamais négliger la prière.
    Qu'à genoux tu fais sur mon lit,
Pour que tous les enfants dorment près de leur mère
    Et tous les oiseaux dans leur nid.

E. FRANK.

HISTOIRE NATURELLE

—◇—

LE JASMIN

ETTE charmante plante, qui a de si jolies petites étoiles blanches pour fleurs, et qui fait l'ornement de nos jardins dans toutes les parties de la France, est originaire d'un pays bien lointain, le Malabar ; mais depuis fort longtemps on l'a apportée en Europe où elle s'est tout à fait naturalisée. Cependant elle demande encore des soins dans le nord et il serait imprudent de ne point la couvrir pendant l'hiver.

Vous savez combien sont gracieuses ces jolies tonnelles

qu'elle recouvre, et combien l'air est embaumé de son parfum, quand le soir vous vous reposez sous son feuillage. Dans le midi de notre chère France, on en cultive des champs entiers. principalement aux environs de Grasse. Et des jeunes filles cueillent ces délicates petites fleurs qui sont employées dans la parfumerie. Voici un moyen très-simple d'en extraire l'arome : On imbibe d'huile de petits tampons de coton que l'on dispose ensuite par couches, avec les fleurs préparées à cet effet. Au bout de vingt-quatre heures, l'huile est très-parfumée et peut être extraite par l'expression.

Les principales espèces de jasmins sont d'abord, pour le blanc : le jasmin des Açores, le jasmin glauque et la jasmin sarmenteux ; ensuite le jasmin à grandes fleurs, communément appelé jasmin d'Espagne, dont les pétales sont blanches au dedans et purpurines au dehors : puis, pour le jaune : le jasmin à feuilles de cytise, le jasmin d'Italie, le jasmin jonquille et le jasmin triomphant, dont la couleur est d'un jaune plus vif et l'odeur très-agréable.

BLUETTE.

CAUSERIE

À vous, mes chères petites amies, qui n'avez pu voir notre fête, à vous mes premières pensées, car vous devez être curieuses de connaître les détails de cette journée mémorable, qui aura vu l'une d'entre nous appelée au plus grand honneur :

L'honneur de la décoration.

Le ciel, qui depuis longtemps et jusqu'au jour même de la Pentecôte était resté triste, voulut bien sourire à la terre et dater du moment de notre réunion une série de meilleurs jours.

Le soleil, paresseux jusqu'alors, se leva radieux, et pour protéger les pieds mignons de nos chères petites mères, vint aussitôt sécher de ses premiers rayons les allées du beau jardin dans lequel nous étaient praparés tant de plaisirs.

Le temps était magnifique.

De joyeux accords commencèrent la fête en appelant les danseuses; nous avions toutes été placées dans une grande salle réservée de laquelle nous admirions les groupes charmants qui passaient devant nous.

Nous ne pouvions voir la scène du théâtre de marionnettes qui avait été installée près de nous, mais nous pouvons entendre Polichinelle et partager les impressions de nos mamans.

Le bal remplissait gaiement les intermèdes de la fête; ainsi, un plaisir ne cessait que pour être remplacé par un autre.

La séance de physique promise fut plus qu'amusante.

Notre prestidigitateur ne se contenta pas d'étonner chacun par ses tours merveilleux; il charma tout le monde; aussi, papas et mamans, petites filles et poupées, le déclarèrent-ils l'âme de la fête : c'était à qui recevrait les jolies fleurs qui naissaient sous ses doigts et les bonbons qu'il multipliait à la parole.

Si la fête n'avait pas eu un programme arrêté d'avance et que tout le monde eût été libre, je crois vraiment, que le temps se serait passé à le regarder; j'en fis la remarque aux poupées qui m'entouraient en voyant accourir autour de l'estrade tout un petit monde qui croyait à une nouvelle séance : alors que notre aimable physicien ne faisait là qu'une apparition causée par une simple recherche.

C'est qu'aussi les enfants ne s'y trompent pas; comme ils comprennent ceux qui les aiment !

Les cent lots de la tombola, bien étiquetés par numéros,

avaient été déposés sur une grande table près de laquelle six jeunes filles présidaient au tirage, chacune à son tour, et cette grave affaire se passa avec ordre.

A propos, chères amies, je suis chargée par la directrice d'annoncer à celles d'entre vous qui ont gagné les deux plus grandes chambres de poupées qu'elles peuvent faire réclamer au bureau quelques petits objets qui doivent leur manquer, et qui ont été retrouvés.

Au nombre de ces jolies choses qui firent de chacune une heureuse, se trouvaient deux beaux bouquets de fleurs en cire, faits par une intéressante jeune fille présente à la fête. Ces fleurs sont quelque chose de charmant, elles imitent la nature d'une façon si parfaite que je voudrais vous voir à toutes le gracieux talent d'en reproduire de semblables.

J'entendais dire hier à notre directrice que, si les bureaux du journal étaient plus grands, elle aurait invité nos abonnées à venir assister à une de ces démonstrations que fait très-intelligemment la jeune fille qui nous a offert ces fleurs ; mais, puisque cela n'est pas possible, nous avons toutes un moyen d'apprendre à reproduire ces lis majestueux, ces fraîches roses, ces beaux œillets et ces mignonnes petites fleurs du myosotis.

Nos abonnées parisiennes peuvent appeler une fois chacune auprès d'elles ce gentil professeur, qui leur sera conduit par sa mère, nos abonnées de province liront attentivement la définition qui leur sera adressée le mois prochain. Et toutes celles qui le désireront recevront les moules nécessaires à la fabrication de ces belles imitations de la nature auxquelles il ne manquera même pas, je vous assure, un doux parfum, celui d'une sincère reconnaissance.

N'oubliez pas que votre amie Violette sera bien fière d'être

votre interprète ; j'attends vos demandes pour les trans-
mettre avec le plus joyeux empressement.

Revenons maintenant à la décoration. Vers la fin de cett
brillante fête, pendant laquelle nous avions été admirées par
tout le monde, dix jeunes filles de dix à quatorze ans vinrent
nous examiner encore et rendirent un jugement qui fut re-
cueilli par cinq dames.

Tout d'abord, j'entendis autour de moi murmurer ces mots : Ce sera certainement la poupée Huret !

Puis même : Voici une poupée charmante, et on admirait la poupée de mademoiselle Béreux.

La poupée Huret était vêtue avec cette perfection et ce bon goût qui l'ont faite la première des poupées du monde aristocratique. Je ne vous décrirai pas sa toilette, à la fois si simple et si jolie dans ses détails, et quant à sa personne, vous la connaissez toutes ; sa réputation est européenne et la poupée Huret sera toujours *elle !*

J'avais à ma droite la poupée de mademoiselle Béreux, remarquable par sa modestie. Je crois qu'elle était venue plutôt pour m'aider, comme l'année dernière, à recevoir les invitées que pour concourir à la décoration, car sa toilette, quoique charmante et très-soignée comme toujours, était des plus simples.

A propos, chères lectrices, savez-vous que mademoiselle Béreux est le premier personnage de notre histoire.

Je crois vous avoir dit déjà que c'est chez elle, rue du Hanovre, qu'est née l'industrie gracieuse dont nous sommes l'objet et qui développe si bien chez nos petites mères le goût de l'ordre et du travail. Que de reconnaissance ne lui doit-on pas !

Enfin, mes chères petites lectrices, je vous parlerai d'une poupée grande dame qui a fait l'admiration des mamans de nos mamans ; elle a été regardée comme une petite merveille, c'est une poupée en cire du plus grand mérite que nous avait amenée madame Bourdieu, de la rue Saint-Honoré, et dont la robe de soie de couleur mauve ornée de passementerie, blanche, le chapeau fermé en taffetas blanc et l'écharpe pareille à la robe, composaient une splendide toilette ; cette poupée semblait la reproduction exacte de la plus jolie gravure de modes : l'admiration a été générale et les félicitations unanimes ; mais les enfants, vous le savez, cherchent les enfants, et notre jury laissa la poupée personnage pour faire son choix parmi les poupées petites filles ; alors la petite créole attira l'attention, et sembla charmante dans sa mignonne toilette pompadour. Un transparent de soie bleue faisait ressortir les broderies et les dentelles de sa robe de mousseline blanche, garnie de petits nœuds roses très-joliment placés.

Une simple petite rose, posée sur le côté gauche de sa tête, ornait gracieusement sa coiffure dont les boucles blon-

des, retombant autour de son bon petit visage, lui donnaient un air de douceur plein de charme.

—C'est la petite bleue, disaient les unes ; c'est la petite créole, ajoutèrent celles des jeunes filles qui avaient lu l'inscription qu'elle portait. Les voix furent comptées : sur dix, la petite créole en obtint six, et la médaille d'or lui fut décernée.

Ne pensez pas que pour cela notre petite amie en soit devenue plus fière ; l'expression de sa physionomie n'en a pas le moindrement changé ; ce serait au point qu'on la croirait indifférente, si on ne savait que, chez elle comme chez tout enfant aimable, l'orgueil est le plus rare défaut.

Pour achever fidèlement mon récit, il faut bien que je vous dise que notre fête se termina par une déception.

M. Brodin, si connu dans toutes les fêtes publiques par les magnifiques surprises aérostatiques qu'il ménage aux petits comme aux grands, avait préparé sept gros ballons qui devaient, s'élevant majestueusement dans les airs, arborer les couleurs de notre chère Gazette ; à l'un d'eux était réservé l'honneur de porter au loin, dans une jolie nacelle tout ornée de fleurs, la poupée courageuse qui, pour la première fois devait faire une ascension. Mais une circonstance imprévue rendit dangereux le gonflement des ballons; alors, malgré tout le regret qu'en éprouva notre directrice il fallut bien renoncer à ce plaisir par lequel devait se terminer la fête.

Au revoir, mes chères petites lectrices. Je vais faire provision de choses charmantes à vous dire le mois prochain.

Votre amie,

VIOLETTE.

⸻⸻

Texte. — Le Pâtissier de Robert Houdin — La Mort du petit oiseau poésie. — Le Jasmin. — Causerie.

Annexes. — Gravure de travailleuses. — Romance : *Dors, mon enfant aimé.*—Planche de patrons.

Paris.—Imprimé chez Bonaventure et Ducessois, 55, quai des Augustins.

Découvrez l'histoire par les archives de presse

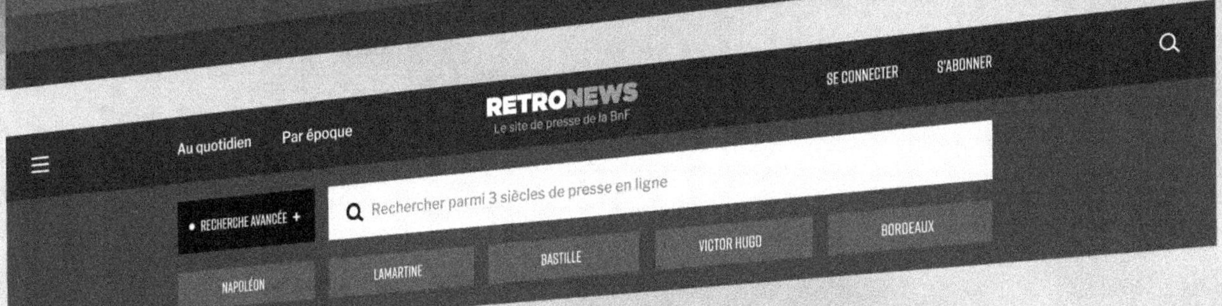

RETRONEWS

Le site de presse de la BnF

www.retronews.fr